AF331292

DE L'ART MILITAIRE CHEZ LES ARABES

AU MOYEN AGE.

Extrait du numéro d'octobre 1849 du *Journal des Sciences militaires*.

Vp

8948

PARIS. Imprimerie de H. V. DE SURCY et C°, rue de Sèvres, 37.

DE L'ART MILITAIRE CHEZ LES ARABES

AU MOYEN AGE.

Par M. REINAUD, *membre de l'Institut, professeur d'arabe.*

COMPTE RENDU.

Un membre de l'Académie des inscriptions, le savant M. Reinaud, a publié dans le *Journal asiatique* (n° 9 de l'année 1848), une notice sur l'art militaire chez les Arabes au moyen âge.

Le rôle important qu'ont joué les Arabes sur la scène du monde, la rapidité de leurs conquêtes et l'étendue de leur domination, suffiraient pour donner un vif intérêt à l'étude des moyens qui leur ont servi à obtenir de si brillants succès; mais la connaissance de l'art militaire des Arabes n'est pas seulement indispensable à l'intelligence de leur histoire, elle est de plus nécessaire à l'intelligence de l'histoire de l'art de la guerre qui est une des branches importantes de l'arbre des connaissances humaines. Nous avons déjà démontré, M. Reinaud et moi, qu'il faut remonter le cours du moyen-âge, étudier les écrivains arabes, et recourir aux connaissances qu'ils ont empruntées à l'Asie et à la Chine pour retrouver les origines de la

poudre à canon qui a changé l'art de la guerre et acquis une influence notable sur la marche de la civilisation ; nul doute qu'en étudiant plus complétement les écrits que les Arabes nous ont laissés sur l'art de la guerre, on n'y trouve encore des connaissances et des pratiques qui leur furent empruntées par les Occidentaux au temps des croisades. Il est ainsi permis de croire qu'on ne parviendra à éclairer l'histoire de notre art militaire dans la partie obscure du moyen âge, qu'après avoir acquis la connaissance de l'art militaire des Arabes et des emprunts que l'Occident a faits à ces vastes contrées de l'orient dont la civilisation remonte jusqu'aux premiers âges du monde.

Nos conquêtes dans le nord de l'Afrique, en établissant notre domination sur des peuplades arabes, nous associent en quelque sorte à leur gloire passée, et nous sont un encouragement à en rechercher les titres ; beaucoup d'officiers qui ont servi en Afrique savent la langue arabe : cette connaissance jointe à celles que leur donne la pratique du métier des armes leur donne une précieuse aptitude à comprendre les écrits laissés par les Arabes sur l'art de la guerre. On rencontre dans ces écrits beaucoup de termes techniques qui ne sont pas dans les dictionnaires : d'ailleurs l'auteur écrivant pour des hommes du métier, exprime souvent son idée trop brièvement pour qu'elle puisse être intelligible à d'autres. Ces considérations nous font attacher beaucoup d'importance aux développements bibliographiques que **M. Reinaud** a insérés dans sa notice et dont nous voulons donner quelques résultats succincts, dans l'espoir qu'ils pourront servir de point de départ à de nouveaux travaux. Bien que les Arabes aient eu des traités d'art militaire bien avant le X° siècle de notre ère, M. Reinaud ne peut indiquer que les titres d'ouvrages aussi anciens, mais il a constaté que la bibliothèque de Leyde possède sous les n° 92 et 499, deux exemplaires d'un ouvrage qui a été écrit dans les premières années du XIII° siècle. Nous en avons déjà tiré une conséquence importante, parce qu'il prouve qu'à cette époque le salpêtre n'était pas encore employé par les Arabes dans les artifices de guerre.

La bibliothèque nationale de Paris possède plusieurs traités d'une date un peu moins ancienne. Le principal, qui porte le n° 1127 de l'ancien fonds arabe, a pour titre : *Traité de l'art militaire et des machines de guerre*. Il nous a servi, à M. Reinaud et à moi, pour notre ouvrage sur le feu grégeois, les feux de guerre et les origines de la poudre à canon.

L'auteur paraît avoir écrit entre les années 1285 et 1295 de l'ère chrétienne.

Les manuscrits n°s 1128 et 991, ancien fonds de la même bibliothèque, contiennent encore différents traités ou opuscules sur l'art de la guerre qui paraissent à M. Reinaud postérieurs à l'année 1300. Enfin, M. Reinaud mentionne encore un manuscrit qui fait partie du musée asiatique de Saint-Pétersbourg et que l'Académie impériale des sciences lui a communiqué. Cet ouvrage, qui a appartenu au comte de Rzevuski, est intitulé : *Recueil réunissant les diverses branches de l'art.* Il paraît avoir été composé dans la première moitié du XIV° siècle. Ce manuscrit semble décider, en faveur des Arabes, la question du premier emploi de la force projective de la poudre à canon; il montre que les premières armes à feu furent tout autres qu'on l'a cru jusqu'ici. Nous traiterons ailleurs, M. Reinaud et moi, ce sujet (1) qui exige des développements; nous devons en ce moment nous borner au contenu de la notice que nous voulons faire connaître.

Les Arabes formaient déjà, avant Mahomet, des peuplades belliqueuses; mais le génie du prophète musulman centupla leurs forces, non-seulement en les concentrant, mais en faisant servir le fanatisme religieux à exalter le courage et à faire un devoir de l'instruction et des exercices militaires. Voici un passage dans lequel M. Reinaud donne à ce sujet des idées précises. « Les musulmans placent les paroles suivantes dans la bouche de leur prophète : toute espèce d'amusement doit être interdit comme frivole, excepté ces trois choses : l'exercice de l'art, le maniement du cheval et les plaisirs pris en famille. Mahomet a dit de plus : voulez-vous savoir ce qui vous conduira le plus sûrement en paradis? ce sera un bon coup d'épée, un bon accueil fait à son hôte, et la célébration de la prière aux heures prescrites.

L'iman Malek, dont les doctrines sont suivies de

---

(1) Notre Mémoire sera publié dans le numéro d'octobre du *Journal asiatique.*

préférence en Afrique, place l'art de monter à cheval au-dessus de celui de tirer de l'arc, mais le commun des docteurs est de l'avis contraire. Quelqu'un ayant dit à Mahomet que les enfants avaient des droits sur leurs parents comme les parents en avaient sur leurs enfants, le prophète répondit : « Oui, les enfants ont le droit de demander à leurs parents qu'on leur enseigne à écrire, à nager, et à tirer de l'arc. » On attribue de plus ces paroles à Mahomet : « Trois classes de personnes entreront dans le Paradis : celles qui fabriquent des flèches avec l'intention de les faire tourner à la défense de la religion, celles qui les lancent et celles qui les présentent à l'archer. Mahomet ajoutait que l'homme qui, après avoir appris à tirer de l'arc, néglige cet exercice, se prive, auprès de Dieu, d'un titre inappréciable. Quelques docteurs sont allés jusqu'à dire que cet homme se rendait coupable de péché mortel. »

L'instruction militaire que les Arabes acquéraient ainsi, chacun individuellement, devait rendre leur nation très-redoutable, pourvu que leur gouvernement sût réunir et assujettir ces forces individuelles pour en former une force collective. Il faut plus que la valeur et l'instruction particulière de chaque citoyen armé, pour rendre une nation forte, il faut qu'elle ait le pouvoir de lever des troupes et qu'elle sache les soumettre à une discipline qui assure l'obéissance, et les organise de telle manière, que l'ensemble se divise et se réunisse avec promptitude et régularité.

Les Arabes menaient dans leur pays une vie nomade ; lorsqu'ils en sortirent en grand nombre pour conquérir le monde à leur nouvelle religion, ils subjuguèrent en peu d'années la meilleure partie de l'Asie et de l'Afrique, depuis l'Inde jusqu'à l'océan atlantique, et même une partie de l'Europe. Étaient-ils restés pour faire la guerre, avec la même organisation et les mêmes chefs qu'ils avaient auparavant? en d'autres termes, leur organisation civile et politique était-elle en même temps militaire, ou bien formèrent-ils, avec des volontaires, une organisation militaire nouvelle et distincte ? C'est une question importante qui ne paraît pas encore résolue.

Lorsque les vainqueurs furent disséminés sur le vaste théâtre de leurs exploits, ils ne purent suffire seuls à la formation des armées, et ils y admirent les habitants des pays conquis qui avaient embrassé leur religion ; ils recherchèrent surtout les services des habitants belliqueux de certains pays de montagnes , tels que les Kurdes et les nomades de toute race, répandus en Afrique et en Mésopotamie.

Les souverains musulmans formèrent bientôt des troupes permanentes qui reçurent une solde régulière ; ils y admettaient de préférence les Kurdes, les Turcs et les Turkomans ; en un mot, dit M. Reinaud, les hommes qui, habitués à une vie dure, étaient plus propres aux fatigues des armes, et qui, étrangers au pays, professaient pour le prince un dévouement plus entier. Ces guerriers combattaient à cheval, et avaient chacun à leur service un page pour porter leurs armes. Comme leur entretien était fort onéreux, le nombre en était limité. Saladin, malgré ses guerres continuelles et ses grandes conquêtes, n'en eut jamais plus de quatorze mille à son service.

Les armées avaient une composition mixte, on y réunissait les troupes permanentes dont il vient d'être question, des nomades belliqueux qui ne servaient qu'une campagne et s'en retournaient à leurs pâturages, et enfin des habitants du pays voisin du théâtre de la guerre, gens souvent peu aguerris et formant des troupes peu redoutables. Ces derniers, ainsi que les nomades, servaient sans solde régulière, ils avaient cependant souvent une gratification outre leur part du butin. On trouvait dans ces armées un assez grand nombre de volontaires qui se retiraient quand ils voulaient. Surtout des scheiks, des faquirs, qui excitaient, enflammaient les courages d'un zèle religieux.

Mahomet avait réglé avec le plus grand soin le partage du butin. Tout ce qui avait été pris, or, argent, bestiaux, armes, captifs, était mis en commun. Le prince prélevait le cinquième; le reste était partagé entre les combattants : le cavalier recevait le double du fantassin.

M. Reinaud donne un aperçu de l'adoption et du développement d'institutions féodales qui donnèrent à l'organisation des troupes musulmanes certains rapports avec celles des armées chrétiennes de cette époque.

Le kalife Omar consacra une partie des revenus des pays conquis à la solde des guerriers et put le premier entretenir des troupes réglées. En outre, dans certaines provinces, les terres appartenant à l'État, ou celles des anciens habitants qui s'étaient expatriés, devinrent sous le nom de *djond* ou corps de troupes, des espèces de colonies militaires. La Syrie fut ainsi partagée en cinq djonds. Vers le milieu du XIe siècle, les Turcs seldjoukides s'étant emparés de la Perse et de la Mésopotamie, dont les vastes contrées étaient appauvries et dépeuplées, Nizam-el-Mulk, visir du sultan Malek-Schah, imagina d'attribuer aux soldats en corps les terres du fisc, en donnant à certains officiers l'administration de ces biens qui furent l'origine de véritables bénéfices militaires. Nous laisserons parler M. Reinaud :

« L'esprit qui avait dicté cette mesure ne s'arrêta pas là. Malek-Schah, voulant récompenser la bravoure de quelques-uns de ses généraux, leur accorda des provinces à titre de fief. On vit alors des princes de Moussoul, de Maridin, constitués à la manière féodale. Malek-Schah consentit même, pour satisfaire l'ambition de quelques-uns de ses parents, à mettre à leur disposition une partie de ses troupes, et toutes les régions qu'ils subjuguèrent leur furent abandonnées, à la seule condition de rendre foi et hommage au suzerain. Tel fut l'origine de l'occupation d'Alep et de Damas par Toutouch, frère de Malek-Schah, et de l'Asie-Mineure par son neveu Soliman.

« On voit que l'établissement du système féodal, qui domine encore en partie dans l'Orient, est l'ouvrage des peuples nomades de la Tartarie. Il avait déjà dominé dans une portion de l'Asie, sous les rois parthes, et même plus anciennement... »

Les bénéfices militaires et les fiefs, amovibles en principe, furent en réalité institués à vie, et ne tardèrent pas à devenir héréditaires. Les terres qui d'abord appartenaient aux corps de troupes, furent distribuées aux titulaires. C'est vers le milieu du XIIᵉ siècle que Nour-Eddin, prince d'Alep et de Damas rendit héréditaires les bénéfices qui étaient sous sa dépendance. Les princes musulmans firent plusieurs fois à des tribus nomades d'Arabes et de Turkomans des concessions collectives de vastes territoires à la seule condition de défendre le pays.

Les institutions féodales furent d'abord particulières à la Perse, à la Mésopotamie et aux contrées soumises à la domination des monarques seldjoukistes. En 1169, Saladin, lieutenant de Nour-Eddin, les établit en Egypte. Plus tard les Turcs ottomans généralisèrent ce système. Pour ce qui regarde l'Egypte, M. Reinaud renvoie aux beaux travaux de M. Silvestre de Sacy sur la propriété foncière en Egypte, publiés dans le *Recueil des Mémoires de l'Académie des Inscriptions.*

M. Reinaud ne donne pas d'autres renseignements sur l'organisation des armées arabes, champ qui est ouvert aux investigations; il fournit quelques données intéressantes sur l'armement ainsi que sur les moyens d'instruction.

Les armes offensives des Arabes étaient, suivant M. Reinaud, l'épée, la lance, la massue, la fronde, l'arc et l'arbalète. Il me paraît y avoir lieu de croire, d'après l'examen des figures, que ce n'était pas d'épées, mais de sabres, qu'ils se servaient.

Le tir de l'arc faisait, comme on l'a vu, partie indispensable de l'instruction de la jeunesse, et l'emploi de cette arme était général. Il résulta de là que la construction des arcs devint un art, qui bien qu'aujourd'hui entièrement oublié, ne dut pas être sans influence sur les résultats des guerres. L'arc primitif était composé d'une tige de bois flexible, ou de deux tiges réunies ensemble. Celui qui fut le plus en usage dans le moyen âge était d'une fabrication plus compliquée ; au milieu était placée une poignée à peu près droite, de laquelle partaient les deux parties plus flexibles de l'arc.. Une ou plusieurs tiges de bois, des nerfs et de la corne de chèvre réunis avec de la glu entraient dans sa confection. Le nerf placé au dos de l'arc augmentait beaucoup sa force et son élasticité. La corne, placée aux extrémités, pouvait donner à la corde un point d'appui plus solide. On éprouvait la force de flexion des arcs et la force de tension des cordes en y suspendant des poids. Les Arabes ont aussi employé des arcs métalliques, mais il ne paraît pas que l'usage en ait pris une grande importance.

Les Persans avaient attaché l'arc à un fût et formé

une arbalète dont les Arabes leur empruntèrent l'usage. A la partie supérieure du fût, appelé arbrier, se trouvait placé un étrier, et quand l'arbalétrier voulait bander l'arc, il introduisait son pied dans l'étrier et tirait la corde avec les deux mains pour la placer dans le cran pratiqué sur l'arbrier, ou souvent dans la noix, petite roue mobile, arrêté, par une clef, et qui tournant lorsque le tireur appuyait sur la détente, dégageait la corde qui faisait partir le trait. L'avantage de l'arbalète sur l'arc était d'utiliser non plus seulement la force des bras mais la force du corps et d'emmagasiner cette force en permettant de laisser l'arbalète tendue jusqu'au moment de s'en servir ; cette arme offrait l'inconvénient d'être d'un emploi moins prompt et moins simple que l'arc. L'arbalète lançait outre des flèches à pointe de fer et empennées, des traits plus courts et plus gros, et aussi des balles rondes. Les traits lancés par l'arbalète glissaient, comme on sait, dans la rainure de l'arbrier.

On trouve mentionnée par les écrivains arabes une arbalète assez extraordinaire, qui lançait ses traits en sens opposé de l'arbalète ordinaire ; le trait partait vers la poignée du fût. Cette arme nommé *arc de la flèche courte*, fut mise en usage par les Persans dans le cours de leurs guerres contre les Tartares, vers le milieu du III° siècle de notre ère. Les Persans voulant lancer à leurs ennemis des traits très-courts qu'ils ne pussent pas leur renvoyer, firent une rainure à l'arbrier dans la longueur de la poignée et tirèrent la corde de l'arc en sens opposé de la direction ordinaire, après avoir eu la précaution d'empêcher l'arc de se redresser, en plaçant en dedans une seconde corde parallèle à la première, et fixée à la fois au fût et à deux points de l'arc. Nous n'avons trouvé nulle part ailleurs rien de semblable à cette pratique étrange.

M. Reinaud a constaté que les Arabes empruntèrent aux chrétiens l'usage d'une arbalète particulière, et il soulève à ce sujet une question qui n'est pas sans intérêt; nous citons ce passage :

« Les écrivains arabes qui ont traité des guerres des croisades, donnent à l'arbalète, telle que l'employaient les chrétiens, le nom de *zenbourek*. La première fois qu'ils en font mention, c'est en parlant du siége de Tyr par Saladin, en 1187. L'usage du zenbourek continua au siége de Saint-Jean-d'Acre par les croisés, en 1189. Les chrétiens construisirent sur les bords des fossés un mur de briques, derrière lequel ils plaçaient un rang de soldats qui lançaient le zenbourek. Suivant l'historien des patriarches d'Alexandrie, le zenbourek était une flèche de l'épaisseur du pouce, de la longueur d'une coudée, qui avait quatre faces ; la pointe de la flèche était en fer, et des plumes en rendaient le vol plus sûr. Partout où ce trait tombait, il transperçait ; il traversait quelquefois du même coup deux hommes, placés l'un derrière l'autre, perçant à la fois la cuirasse et l'habillement du soldat ; il allait ensuite se planter en terre ; il pénétrait même dans la pierre des murailles.

» D'après cette description, le zenbourek paraît répondre à peu près à l'arme terrible connue dans le moyen âge sous le nom de *quadrellus et carellus*, mots expliqués par Ducange, dans son glossaire de la basse latinité, et d'où est dérivée l'expression *carreaux de la foudre*. Les Grecs ont peut-être connu quelque chose d'analogue sous la dénomination de *tzaggra*. Si on admet que les mots *carreaux tzaggra* et zenbourek désignent la même arme, il faudra conclure que les chrétiens en avaient fait usage dès la première croisade. On peut voir, à ce sujet, le glossaire de Ducange, aux endroits cités, et l'Alexiade d'Anne Comnène, édition originale, page 291. Ce témoignage viendrait à l'appui du récit de Guillaume de Poitou, d'après lequel l'arbalète avait été employée dès l'année 1066, concurremment avec l'arc, à la bataille d'Hastings. On pourrait induire de là que l'arbalète dont il s'agit est une invention des Grecs du Bas-Empire.

« Les Musulmans paraissent n'avoir fait usage qu'assez tard du zenbourek. Djemal-Eddin est, à ma connaissance, le premier écrivain arabe qui, sous la date 643 (1245 de J.-C.), cite cette arme comme servant aux guerriers de l'islamisme; c'est à propos du siége d'Ascalon par le sultan d'Égypte. Voici les expressions des Djemal-Eddin : « On fit jouer contre la place les catapultes et les zenbourek. » Mais, bientôt, l'usage du zenbourek devint commun en Orient, et dans la suite les Turcs ottomans entretinrent dans leurs armées un corps de soldats appelés *zenbou-rekdjis*. »

M. Reinaud pense que l'usage de l'arbalète fut introduit en France après la première croisade, sous le règne de Louis le Gros. Il rappelle que plusieurs papes proscrivirent cette arme comme *déloyale et traîtresse*, et que le second concile de Latran, qui se tint en 1139, l'anathématisa, l'appelant *artem mortiferam et Deo odibilem*. Du reste, l'emploi de cette arme était permis contre les infidèles.

Nous ferons sur les passages cités deux observations : la première, qu'il faut distinguer l'arme du trait qu'elle lance, les Arabes paraissent avoir exprimé l'un et l'autre par le même mot; la seconde, qu'il y a eu sous le nom d'arbalète des armes très-différentes de force et d'importance.

C'est vers le commencement du XII° siècle que parut dans l'Europe occidentale une arme portative assez puissante pour que l'usage en ait été interdit dans toute la chrétienté par les lois de l'église; à la même époque, les chrétiens de l'Occident employèrent contre les Arabes une arme qui leur était inconnue et qui lançait de fortes flèches avec une puissance extraordinaire. Il ne me paraît pas douteux que l'arme prohibée par le second concile de Latran ne soit le zenbourck. On sait d'ailleurs que c'était une arbalète. Mais les Arabes avaient eux-mêmes emprunté aux Persans l'usage de l'arbalète; comment se fait-il donc qu'ils aient eu besoin d'apprendre encore des chrétiens l'usage de la même arme? C'est que le même nom a été donné à des armes qui se ressemblaient, mais qui avaient des différences dans leur mécanisme et dans leur force. La force de l'arbalète, c'est-à-dire la vitesse et le poids du trait qu'elle peut lancer, dépend de l'élasticité de l'arc et de l'effort nécessaire pour le lancer. La force de l'arbalète des Persans était limitée par la force de l'homme qui devait la bander. L'art n'en resta pas là.

Le musée d'artillerie possède des arbalètes du moyen âge telles que l'effort de l'homme qui agit pour les bander, se trouve multiplié à l'aide de mécanismes ingénieux; cela fait que l'arc de ces arbalètes, formé d'une bande d'acier épaisse, produit une force d'impulsion considérable qui explique très-bien les effets constatés par les historiens.

Les arbalètes que nous connaissons peuvent être rangées en quatre classes d'après la nature du mécanisme :

1° Les arbalètes bandées à la main avec ou sans l'étrier de pied.

2° Les arbalètes bandées à l'aide d'un pied de biche, instrument basé sur le principe du levier, et prenant son point d'appui sur l'arbrier; ordinairement le pied de biche est séparé de l'arbre; mais il existe aussi des arbalètes auxquelles sont attachées les mécanismes pour bander l'arc; elles rentrent dans la même classe quand le mécanisme est fondé sur le principe du levier.

3° Les arbalètes à cranequin. Celles-ci sont bandées à l'aide d'un treuil attaché à l'extrémité postérieure de l'arbrier et de plusieurs poulies qui multiplient encore la force du treuil pour tendre l'arc.

4° Enfin les arbalètes les plus fortes sont tendues à l'aide du mécanisme puissant d'un cric que l'on attache à l'arbrier.

Le zenbourek était vraisemblablement l'une des trois dernières espèces d'arbalètes. Il serait difficile de faire un choix motivé en l'absence de détails techniques; nous croyons pourtant avoir quelques raisons qu'il serait trop long d'exposer ici, en faveur de l'arbalète à cranequin.

Il nous paraît peu vraisemblable que les Occidentaux aient emprunté aux Grecs le zenbourek dont les Arabes auraient alors dû connaître au moins les effets; il n'est pas fait mention de cette arme dans les *Institutions militaires* que l'empereur Léon écrivait à la fin du Xe siècle ou au commencement du XIe.

M. Reinaud mentionne plusieurs exercices en usage chez les Arabes, soit pour le tir de l'arc, soit pour l'emploi de la lance. Le but à atteindre était disposé de manière à ce que l'adresse ou la maladresse de celui qui joutait produisît un incident remarquable et excitât l'émulation. On voit, d'après la notice de M. Reinaud et l'examen des figures peintes dans les manuscrits arabes, qu'ils contiennent beaucoup de détails sur la connaissance du cheval et sur la manière de le dresser. Les Arabes ont toujours été remarquables par leur talent en équitation, et la force de leurs armées consistait surtout dans l'habileté individuelle de leurs cavaliers. Un de leurs écrivains va jusqu'à dire que l'art de manier la bride du cheval forme les vingt-trois vingt-quatrièmes de l'art de la guerre. Ils s'exerçaient dès l'enfance à monter à cheval et ils n'apprenaient pas seulement à combattre avec les armes blanches, mais ils parvenaient à lancer des flèches avec justesse au galop le plus rapide. On voit sur les figures que plusieurs de leurs exercices ont cette instruction pour objet. Ceux que les Grecs avaient pour adversaires du temps de l'empereur Léon, combattaient presque toujours à cheval; ils étaient armés de sabres, de lances et d'arcs; ils prenaient alternativement la lance et l'arc, rejetant la première arme derrière l'épaule pour employer la seconde; ils montraient surtout une habileté surprenante à lancer des flèches en fuyant. Les renseignements transmis par l'empereur Léon s'accordent avec ce que M. Reinaud a trouvé dans les écrits militaires des Arabes. Il reste à tirer de ces mêmes ouvrages des renseignements sur leurs armes défensives, sur leurs machines de guerre, et probablement sur leurs campements et leurs évolutions.   FAVÉ.

www.ingramcontent.com/pod-product-compliance
Lightning Source LLC
LaVergne TN
LVHW050256030726
842520LV00006B/2418